きせつをかんじる！
12か月のぎょうじ

秋の室内あそび・外あそび

監修

田村 学

ほるぷ出版

この本を読むみなさんへ

春に なると、サクラが さき、お花見が 行われます。夏は、海水よくや 花火大会が あります。秋になると 木々のはっぱが きれいに 色づき、もみじがり のきせつに なります。冬は、外で 雪だるまを 作ったり、家の中で かるたを したりします。

わたしたちが くらす 日本には、ゆたかな「四季」が あり、しぜんが 大きく うつりかわっていきます。そうした へんかに 合わせて、日々のくらしが いとなまれ、たくさんのぎょうじが 行われてきました。

この本では、みぢかな しぜんを つかった あそびや、ぎょうじに ちなんだ あそびを、しょうかいしています。ぜひ、気になったものから あそんでみてください。

大人のみなさんへ

この本は、季節の行事と季節に合わせた遊びを、たくさんしょうかいしています。写真やイラストを使って、わかりやすくあらわしています。この本を参考に、多くの子どもたちが遊びを楽しむすがたを期待しています。

思いや願いの実現に向けて、思うぞんぶん身体を使って遊ぶことが、一人ひとりの子どもの未来をゆたかなものにしてくれるはずです。大人のみなさんも、そんな子どもといっしょになって遊び、毎日のくらしを色あざやかなものにしてほしいと願っています。

國學院大學教授 田村 学

もくじ

秋の室内あそび・外あそび

お月見

9月15日ごろの まん月の日に、月見だんごなどを そなえ、月を ながめる ぎょうじです。中国から つたわり、日本でも 古くから、月見を 楽しんだり、しゅうかくを かんしゃする おまつりが 行われています。

十五夜

きゅうれきの 8月15日の、夜のこと（39ページ）。この日は、とくに 月が うつくしいとされ、名月とも よばれます。

秋の七草

秋に 花が さく、ハギ、ススキ、クズ、ナデシコ、オミナエシ、フジバカマ、キキョウの 7しゅるいを 秋の七草と よびます。

お月見かざり

月見だんご

お月見のときに、月に おそなえする だんご。ピラミッドがたに、高く つみます。

ススキ（オバナ）

お月見かざりとして 秋の草花を おそなえするときに、多くの 地いきで ススキが かざられます。

しゅうかくぶつ

サトイモや サツマイモ、クリなど、秋に とれるものを おそなえします。

月見どろぼう

一ぶの 地いきでは、お月見の夜に、月見だんごを 子どもたちが ぬすみ食いする 風しゅうが あります。かみさまが 食べたと 考えられ、えんぎがいいと いわれています。

月のウサギ

月のもようが、ウサギが もちを ついているように 見えることから、月に ウサギが いるという でんせつが しんじられてきました。

中国では、ウサギが やくそうを ついていると、いわれているんだって！

お月見（つきみ）のあそび

お月見のかべかけ

紙ざらを つかった、りっぱな まん月。お月見する 自分も 作ってみましょう。

よういするもの

- 紙ざら
- 絵のぐ（黄色）
- 色画用紙　●はさみ
- おり紙　●モール（きみどり）
- セロハンテープ
- ペン　　のり
- めんロープ　●ひも

月

1 紙ざらに 黄色の 絵のぐ を ぬって、かわかす。

草

2 みどりの 色画用紙に、切りこみを 入れる。

ススキ

3 おり紙に 図のように 切り こみを 入れる。くるくる ま いて、テープで モールに はる。

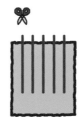

おり紙
（茶色）

セロハン
テープ

モール

人

4 色画用紙に、ペンで 顔 と ふくのもようを かく。

のりで はる

色画用紙

5 めんロープの先に むすび めを 作り、4の 体のうら に はる。

セロハン
テープ

めん
ロープ

6 色画用紙を くもや いす の 形に 切る。1に すべ て かざり、ひもを つける。

色画用紙

ひも

色画用紙

まん月とウサギ

ボトルキャップが、おいしそうな おだんごに へんしん！ ゆれる ススキや、とびはねる ウサギが ポイント。

よういするもの

- 工作用紙（黒、黄色）　●はさみ　●のり
- おり紙（茶色、きみどり）　●りょうめんテープ
- 牛にゅうパック（500 ミリリットル）
- 丸シール（黒、白）　●セロハンテープ
- ボトルキャップ（白）18こ
- 木工用せっちゃくざい　●スズランテープ（白）
- ストロー 2本　●トイレットペーパーしん
- マスキングテープ　●画用紙　●ペン
- キラキラモール

うつわ

1 工作用紙に 切りこみを 入れ、くみ立てる。茶色の おり紙を のりで はる。

2センチ
11センチ
のりで はる
✄ 工作用紙（黒）
おり紙

2 図のように 切った 牛にゅうパックを さかさにし、茶色の おり紙を はる。1をりょうめんテープで はる。

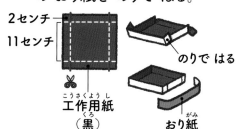

丸シール（黒）

だんご

3 キャップを 3こ つなげて、テープで はる。つみかさねて、木工用せっちゃくざいで こていし、丸シールをはる。

セロハンテープ

丸シール（白）

ススキ

4 3まい かさねた スズランテープを、丸めて テープで とめる。さいて、ストローに さしこむ。2本 作る。

手でさく
セロハンテープ
ストロー

ススキ立て

5 ペーパーしんに マスキングテープを まいて、かざる。おり紙を 切り、ペーパーしんの 内がわに はる。

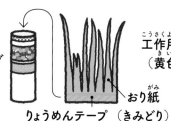

マスキングテープ
おり紙
りょうめんテープ（きみどり）

ウサギ

6 画用紙で ウサギを 作り、うらに モールを はる。工作用紙で 月を 作る。月とウサギ、3〜5をかざる。

ペン
モール
工作用紙（黄色）
うらにはる

お月見かざり

秋の草花を、おだんごと いっしょに かざって、お月見かざりを 作りましょう。
秋は、どんな 草花が 見つかるかな?

1 紙ねんどを 丸めて、おだんごを 15こ 作る。

2 おだんごを、はっぱの 上に 3だんに つみかさねる。

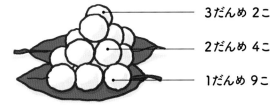

3だんめ 2こ
2だんめ 4こ
1だんめ 9こ

3 花びんに 水を 入れる。ススキや エノコログサなど、秋の草花を さす。おだんごと いっしょに かざる。

よういするもの

- 紙ねんど
- ホオノキ、トチノキ、キリなどの 大きな はっぱ(おだんごを のせる)
- ススキ、エノコログサ、キバナコスモス、ツユクサ、イヌタデなどの 秋の草花
- 花びん

ちゅうい ススキのはっぱの ふちで、ゆびを 切ってしまうことが あります。つむときは、ぐんてを はめて、はさみを つかいましょう。

ススキのはっぱとばし

お友だちと、「いっせーの せ!」で、ススキの ようみゃくを とばします。だれの はっぱが、一番 遠くまで とぶかな。

よういするもの
● ススキのはっぱ

アドバイス

ススキのはっぱは、すばやく、強く ひっぱると、ようみゃくが シュッと とぶよ!

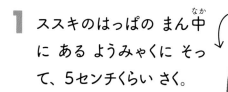

1 ススキのはっぱの まん中に ある ようみゃくに そって、5センチくらい さく。

2 ①かたほうの手の 親ゆびと 人さしゆびで、**1** で さいた はっぱを、ようみゃくのちかくで 下むきに かるく はさむ。②もう一方の手で、さいた はっぱの 先を もつ。

3 ②の 親ゆびと 人さしゆびを 地めんに むかって 一気に 強く 引っぱり、ようみゃくを とばす。

ポイント 人が いないところへ とばそう。

虫をさがしてスケッチ

公園や 校ていで、虫を さがして、絵を かいてみましょう。スケッチした 虫に、自分で 名前を つけても いいですね。

よういするもの
● 画用紙　● カラーペン
● 画ばん
● ほぞん用ビニールぶくろ

1 校ていや 近くの 公園などに 出かけ、虫を さがす。

ポイント 足もとや はっぱのうら、木のねっこを じーっと 見るのが コツ。

2 虫を 見つけたら、じっくり かんさつしながら、画用紙に ペンで スケッチする。うごきまわる 虫を かくときは、そっと つかまえて、ほぞん用ビニールぶくろに 入れて、かく。

ポイント 虫が いきぐるしく ならないように、ふくろに 空気を 入れよう。かきおわったら、虫に おれいを 言い、元の場しょに はなそう。

9

しぜんの中で
秋をさがそう

公園や校てい、道ばたには、秋を 知らせる 草木や花が 見られ、虫などの生きものが かくれています。お友だちや お家の人と、さがしてみましょう。

見つけたよ！
草木や花

- ススキ
- コスモス
- イチョウ
- イロハモミジ
- ドングリ

見つけたよ！
生きもの

- トノサマバッタ
- スズムシ
- エンマコオロギ
- オオカマキリ
- アキアカネ

けいろうの日

長い間、社会や 家ていのために はたらいてきた お年よりに、かんしゃする日です。おじいちゃんや おばあちゃんに、むかしの話を 聞いたり、しゃしんを 見せてもらったりしましょう。

年いわい

きりのいい 年れいを むかえた お年よりを、家ぞくや 友人で おいわいします。

還暦▶60 さい
生まれた年と 同じ えとに かえることから、ひとつの くぎりと されています。赤いものを プレゼントする 風しゅうが あります。

古希▶70 さい
中国の ゆうめいな しに、「70 さいまで 長生きする人は めずらしい」と あることから、おいわいします。

喜寿▶77 さい
おめでたい「喜(よろこぶ)」のかんじを くずして 書くと、「七十七」に 見えることから。

喜→㐂

傘寿▶80 さい
「傘」という かんじを かんたんに 書くと、「八十」に 見えることから。

傘→仐

米寿▶88 さい
「米」という かんじを ぶんかいすると、「八十八」に なることから。

米→公

卒寿▶90 さい
「卒」という かんじを かんたんに 書くと、「九十」と 読めることから。

卒→卆

白寿▶99 さい
「百」という かんじから 一を 引くと、「白」という かんじに なることから。

百－一＝白

知っている かな？ おじいちゃん、おばあちゃんと 楽しみたい「ちょうようのせっく」

「きくのせっく」とも よばれます。キクの花びらを うかべた おさけを のんだり、ゆぶねに キクの花びらを うかべたりして、体を きよめます。けいろうの日に、おじいちゃんや おばあちゃんと 楽しんでみましょう。

100 さいは、「百寿」と よばれるよ。

12

・・・・・・・・・・・・・・・・・・・・・・・・・ けいろうの日(ひ)のあそび ・・・・・・・・・・・・・・・・・・・・・・・・・

室内(しつない)あそび ➡ 14 ページ ・キラキラまんげきょう ・レースのメガネ立(た)て ・とび出(だ)す花(はな)カード

外(そと)あそび ➡ 16 ページ ・コロコロめいろゲーム ・秋(あき)のフォトフレーム

キラキラまんげきょう

スパンコールや ビーズが キラキラ かがやく、オリジナルの まんげきょうを 作りましょう。

ポイント 中心に スパンコールや ビーズを あつめてから のぞくと、きれい！

のぞいてみると…

よういするもの

- アクリルいた（3センチ×10センチ）3まい
  ※あつさ 1ミリぐらいの かための カードケースなどを 大人が 切って よういしておく
- セロハンテープ　●色画用紙（黒）
- はさみ　●あなあけパンチ
- トイレットペーパーしん
- かためんダンボール紙　●りょうめんテープ
- ふたつきとうめいようき（直けいやく 4センチ、★）
- ビニールテープ　●とうめいおり紙
- スパンコール、ビーズ　●丸シール

1 アクリルいた 3まいを 三角に はりあわせ、テープで とめる。黒の 色画用紙を まいて、テープではる。

セロハンテープ

まく

2 黒の色画用紙を、ペーパーしんより 大きめに 丸く 切る。まわりに 切りこみを 入れ、まん中に パンチで あなを あける。

あなを あける

切りこみを おる

3 ペーパーしんの かたほうの あなに、**2**をはる。ペーパーしんに かためんダンボール紙を まいてはる。

テープでとめる →

かためんダンボール紙

りょうめんテープ

4 **1**に ★のふたを テープではる。**3**を かぶせて、ビニールテープで とめる。

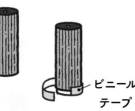

★のふた

ビニールテープ

5 ★のようきに 切った とうめいおり紙や スパンコールなどを 入れ、**4**で こていした ふたに はめる。

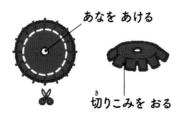

切ったとうめいおり紙

スパンコールやビーズ

★のようき

6 **3**の あなのほうにも ビニールテープを まく。丸シールで じゆうに かざる。

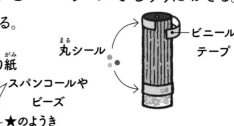

丸シール

ビニールテープ

レースのメガネ立て

ふわふわの ボンテンと、レースりぼんで かざった、かわいい メガネ立てです。

よういするもの
- ●ポテトチップスなどの おかしのようき（直けい 6.5 センチ、高さ 14 センチ）
- ●コピー用紙　●のり　●すきなもようのぬの
- ●りょうめんテープ　●はさみ
- ●色画用紙　●レースりぼん　●ボンテン
- ●木工用せっちゃくざい　●ペン

1 すけるのを ふせぐため、ようきに コピー用紙を のりで はる。

2 かさなる ぶぶんが きれいになるよう、ぬのの はしを おり、りょうめんテープで はり合わせる。

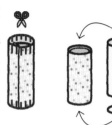

3 ぬのの 上下に 切りこみを 入れる。切りこみを おりながら ようきに はる。内がわと そこに、色画用紙を はる。

4 レースりぼんを はる。丸く 切った 色画用紙に メッセージを 書き、ボンテンで かざる。

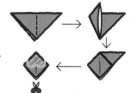

とび出す花カード

ひらいて ビックリ！ 大りんの 花が とび出します。

よういするもの
- ●おり紙　●はさみ　●色画用紙　●のり
- ●ペン　●丸シール

1 おり紙を 図のように おって 切る。

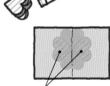

2 半分に おった 色画用紙の、まん中の線に 合わせて、1 の 2かしょを のりで はる。

2かしょの うらに、のりで はる

3 ペンで メッセージを かく。色画用紙や おり紙、丸シールで かざる。

ポイント 色画用紙や おり紙を つかって、ひょうしも 作ろう。

15

外あそび

コロコロめいろゲーム

まいごになった ドングリを、お家まで おくりとどける ゲームです。ドングリたちに、どんな ぼうけんが まっているかな?

\ ゴール! /

よういするもの

- ドングリ 3こ (形が ちがうもの)
- ゆせいカラーペン
- 大きめの あさい はこ
- 小えだ (はこの 中に、入るくらいの 長さ)
- 木工用せっちゃくざい

1 3この ドングリに、カラーペンで それぞれ 顔をかく。

ポイント 名前を つけても いいね。

2 はこの 内がわに、スタートと ゴールの いちを きめる。スタートの いちには、ドングリを おくための 丸を 3こ、カラーペンで かく。ゴールの いちには、ドングリの 家と 1の ドングリを 3こ かく。それぞれの 家は、ちがう色や 形に する。

3 スタートから、ゴールまでの あいだに、はっぱや 虫などを じゆうに かく。

4 小えだを おいて、木工用せっちゃくざいで とめる。ドングリを ころがす めいろが かんせい。

ポイント 小えだを おくときは、ドングリが 通れる 間かくを あけよう。

5 スタートの いちに、ドングリを 1に おく。はこを ゆすって ドングリを ころがし、ゴールの 家を 目ざす。

16

秋のフォトフレーム

フォトフレームを 作って、お気に入りの しゃしんを はり、プレゼントしましょう。

お月見

けいろうの日（ひ）

もみじがり

ハロウィン

よういするもの

- ダンボール紙や カラーダンボール紙
- はさみ
- りぼん
- ガムテープ
- プレゼントしたい しゃしん 1まい
- 木工用せっちゃくざい
- 紙ねんど
- かわいた 木のみや えだなど

1 ダンボール紙を、しゃしんより 大きいサイズに はさみで 切る。うらがえして、りぼんを ガムテープで とめる。

2 1のまん中に、しゃしんを 木工用せっちゃくざいで はる。

3 紙ねんどを 丸める。木工用せっちゃくざいで、しゃしんのまわりに はる。紙ねんどが かわく前に、木のみや えだを 木工用せっちゃくざいで はる。

アドバイス

ドングリの中から、虫が 出てくることが あるよ。つかう前に、水で あらい、れいとうこで 1週間くらい こおらせよう。とり出したら、かわかしてから つかおう。

秋を楽しもう

わたしたちは、まいにちの くらしの中で、きせつを かんじることが できます。とくに みぢかなのが、食べもの。やさいや くだもの、魚など、その 食ざいを いちばん おいしく 食べられる 時きを「しゅん」と いいます。しゅんの 食ざいを あじわいながら、秋を 楽しみましょう。

やさい

サツマイモ

カボチャ

シイタケ

クリ

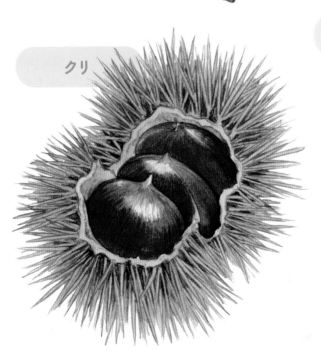

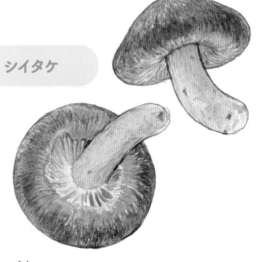

秋は、シイタケを はじめとして、マツタケや マイタケなど、多くのきのこが しゅんを むかえます。

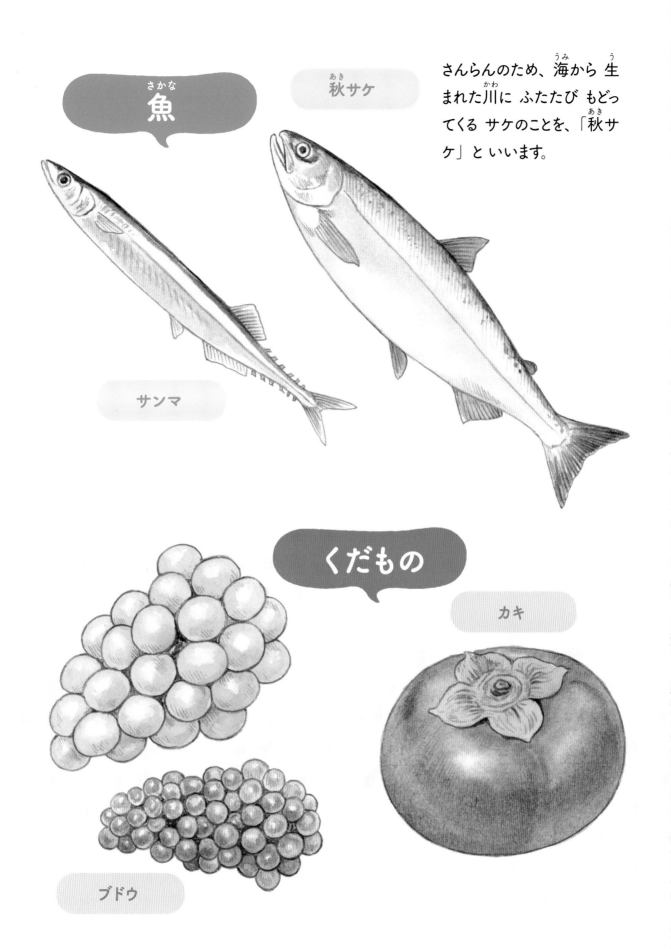

魚（さかな）

サンマ

秋（あき）サケ

さんらんのため、海（うみ）から 生（う）まれた川（かわ）に ふたたび もどってくる サケのことを、「秋（あき）サケ」といいます。

くだもの

カキ

ブドウ

もみじがり

10月から11月ごろに、野山に 出かけ、赤や 黄色に そまった こうようを 見て、楽しむ ぎょうじです。もみじの しゅるいを かんさつしたり、もみじを つかって あそんだりして、秋を まんきつしましょう。

「かり」とは

「かり」と 聞くと、どうぶつや 鳥を つかまえたり、「リンゴがり」などのように、かじつを とったりすることを 思いうかべます。それに くわえて、草花や きのこを さがす ときにも、つかいます。

きれいに 色づくためには

はっぱが きれいに 色づくためには、夏は あついこと、秋は 昼と 夜の気おんの さが 大きいことと、いわれています。

もみじのしゅるい

もみじとは、草や 木のはっぱが、赤や 黄色に 色づくこと。イチョウ、カエデ、サクラなどの はっぱが 色づきます。マツや スギなど、1年を 通して、はっぱが おちない木は、色が かわりません。

カエデ
赤く 色づく イロハモミジの ほか、黄色に 色づくものも あります。

イチョウ
黄色に 色づきます。たねは、ぎんなんと よばれます。

ケヤキ
色は、木のしゅるいによって ちがいます。赤や 黄色に 色づきます。

サクラ
サクラのはっぱも、黄色や オレンジ色に 色づきます。

・・・・・・・・・・・・・・・・・・・・・・・・・・・・(もみじがりのあそび)・・・・・・・・・・・・・・・・・・・・・・・・・・・・

室内あそび → 22 ページ   ・ふんわりおさんぽバッグ　・カラフルみのむし

外あそび → 24 ページ   ・おちばのこな絵　・はっぱのおふとん　・おちばのメダル

ふんわりおさんぽバッグ

ポケットつきの、べんりな おさんぽバッグです。秋の 木のみや はっぱを、
たくさん あつめましょう。

1 しゅうのうシートを 半分に おり、まわりを
ピンキングバサミで 切る。パンチで 2セ
ンチはばに あなを あける。

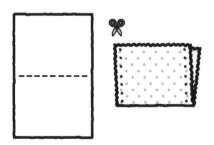

2 あなに めんロープを 通し、りょうはしを
むすぶ。

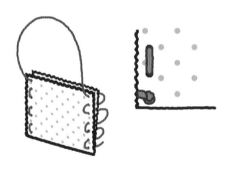

3 カードフィルムケースを ビニールテープで
はり、ポケットを 作る。秋の はっぱや
木のみを 入れて、かざる。

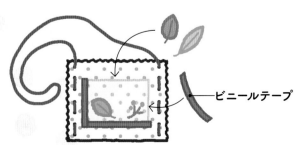

ビニールテープ

ポイント

めんロープは、う
らで むすぼう。む
すびめの先は、み
じかく 切っておく
と、じゃまに なら
ないよ。

カラフルみのむし

カラフルな ストローで 作る、おしゃれな みのむし。色や もようで くふう
しましょう!

よういするもの

- ●色画用紙　●はさみ
- ●ペン　●のり　●絵のぐ（茶色）
- ●トイレットペーパーしん
- ●ストロー　※色ちがいや、もよう入りのもの　●りょうめんテープ
- ●ひも　●セロハンテープ

アレンジ
あつめてきた 木のみ
や ドングリなどを、
ストローのかわりに
かざっても 楽しい!

1 色画用紙を 丸く 切り、ペンで 顔を かく。
しょっかくを のりで はる。

色画用紙

直けい
7 センチ

2 ペーパーしんに 絵のぐを ぬり、かわかす。

3 ストローを すきな 長さに 切って りょうめ
んテープで はる。

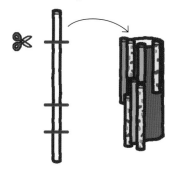

4 1の うらに、テープで ひもを はる。3
の ペーパーしんの 内がわに りょうめん
テープで はる。

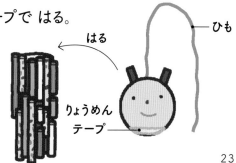

ひも

はる

りょうめん
テープ

お月見

けいろうの日

もみじがり

ハロウィン

23

おちばのこな絵

秋は、赤や 黄色のおちばが とても きれい！ ひろいあつめたら、はっぱ
の色を つかって、絵を かいてみましょう。

よういするもの

- おちば（赤、黄）
- 紙ぶくろ 2まい
- ビニールぶくろ 2まい
- 画用紙
- 木工用せっちゃくざい
- まわりに はるための
  おちば

1 おちばを、色べつに 紙ぶくろに 入れる。日の当たる 場しょに 2〜3日おき、パリパリになるまで かんそうさせる。

赤　黄色

2 おちばが かわいたら、色べつに、ビニールぶくろに 入れる。手で もんで、細かい こなに する。

3 画用紙に 木工用せっちゃくざいで、絵や 文字を かく。

4 木工用せっちゃくざいが かわかないうちに、2の おちばのこなを 色べつに、3に ふりかける。

5 すぐに 画用紙を もち上げて、よぶんな こなを はらう。

6 おちばを ひろってきて、5に 木工用せっちゃくざいで はる。

ポイント おちばは、すきな形に 切ってから、はってもいいよ。

はっぱのおふとん

おちばが、たくさん ある 場しょを 見つけたら、そっと、もぐって みましょう。どんな 手ざわりかな？　どんな においかな？

よういするもの
● よく かわいた おちば

ダンボールばこに、おちばを 入れると、おふろの できあがり！

1 かわいた おちばが、たっぷり ある ところを 見つける。

2 おちばの上に ねころび、おちばを 体に そっと かける。自分で かけられないところは、お友だちに かけてもらう。顔の近くに かけるときは、すなや 細かい はっぱが 目に 入らないように、とくに ちゅういしながら、そっと かける。

ポイント 木を 見上げて、木を かんじてみよう！

ちゅうい ようふくに、小さな虫が つくことが あるので、へやに 入る前に、体を よく はらいましょう。

おちばのメダル

おちばの形に ちゅうもくして、自分だけのメダルを 作りましょう。いろいろな色の スタンプ台を 組みあわせると、きれい！

よういするもの
● おちば　● あつ紙　● はさみ
● あなあけパンチ
● スタンプ台（いろいろな 色）　● りぼん

1 すきな 形の おちばを あつめる。

2 あつ紙を はさみで、丸く 切り、メダルを 作る。あなあけパンチで、あなを あける。

3 1のおちばに、スタンプ台で 色をつける。2に おす。

4 りぼんを 通して、ネックレスに する。

ポイント りぼんは、図のように、あなのところで むすぶと、あんていするよ。

秋のことば

秋に なると、「秋晴れ」や「夜長」などの ことばを よく 聞きますね。
ここでは、秋を かんじる ことばを 見てみましょう。

いねかり

秋に、みのった イネを かるこ
と。日本の秋を だいひょうす
る 光けいの ひとつです。

秋晴れ

秋の 晴れわたった 空のよう
す。うんどう会や もみじがり
など、お出かけに ぴったりの
天気です。

秋晴れの日には、
ピクニックに 行き
たいな！

秋しぐれ

秋のおわりごろに、ぱらぱらと
ふる 雨。同じく 秋の雨である
「秋雨」は、長く ふる雨を
さします。

夜長

夜が 長いこと。また、長く か
んじられること。1年で 一番
夜が 長いのは、12月下じゅ
んの 冬じの日です。

いわし雲

秋の空に うかぶ、小さな 雲
のむれ。「うろこ雲」とも、よ
ばれます。

冬じたく

冬を むかえる したくを するこ
と。コートや 手ぶくろ、だん
ぼうきぐなどを じゅんびして、
冬に そなえます。

山よそおう

赤や 黄色に そまった、山の
ようす。山のこうようが、あざ
やかな きものを きているよう
に 見えると、たとえています。

きせつに よって、
雲の形が かわる
んだね。

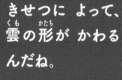

ハロウィン

アメリカや イギリスで、10月31日の夜に、行われる ぎょうじ。秋のしゅうかくを いわい、あくりょうを おいはらう おまつりです。かそう行れつを 楽しんだり、カボチャのちょうちんを かざったりします。

かそう行れつ

おばけや まじょなどの キャラクターに へんそうして、近じょの家を たずねます。「トリック・オア・トリート（おかしを くれなければ、いたずらするぞ）」と 声を かけると、家の人は、「ハッピー ハロウィン」と 言って、おかしを わたします。

ジャック・オー・ランタン

カボチャのおばけの ちょうちん（ランタン）のこと。カボチャから、たねを とり、目、はな、口を くりぬき、顔を 作ります。中に キャンドルを ともして、かんせい！

やってみよう！ 手づくりの おかしを 作ろう

ハロウィンに、ぴったりのおかしを 作ってみましょう。よういするのは、お店で かった むしパンなどの おかしと、チョコペン。むしパンに、おばけや まじょ、ジャック・オー・ランタンなどの ハロウィンのキャラクターを、チョコペンで じゆうにかきます。むしパンのかわりに、ホットケーキや マドレーヌなどでも できます。

ハロウィンのあそび

ジャック・オー・ランタン

カボチャバッグとこわいおかし

かそう行れつに ぴったりの、カボチャのバッグを 作りましょう！
たくさん おかしを もらえるかな？

よういするもの

バッグ
- もち手が ひもの紙ぶくろ（よこ 22 センチ）
- はさみ ● セロハンテープ ● クラフトパンチ
- ビニールテープ（黒、むらさき）
- 色画用紙（オレンジ色、青、みどり、黒）
- キラキラテープ ● モール（みどり） ● のり

おかし
- ポリ手ぶくろ ● ティッシュ ● りぼん
- ガチャポンケース ● アルミホイル
- 丸シール（みどり、赤、黒、白） ● ゆせいペン（赤）

バッグ

1 高さ13 センチになるよう、みじかく 切った 紙ぶくろを、おって テープで とめる。

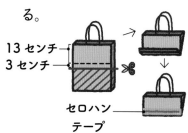

13 センチ
3 センチ
セロハンテープ

2 もち手に ビニールテープを 2色まく。

ビニールテープ

3 オレンジ色の 色画用紙（16センチ×27センチ）を、図のように 切る。ひらいて、キラキラテープを はる。

キラキラテープ

4 カボチャの顔や ぼうしの形に 切った 色画用紙、モールを はる。**2** にのりで はる。

色画用紙
モール
色画用紙
クラフトパンチ

おかし

5 ポリ手ぶくろに 細長くさいて 丸めた ティッシュをつめ、りぼんで むすぶ。つめの形に 切った 丸シールを かざる。

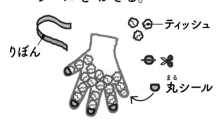

りぼん
ティッシュ
丸シール

6 ガチャポンケースに アルミホイルを まく。丸シールで 目玉を 作り、ペンで けっかんを かく。

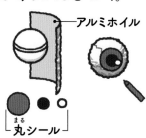

アルミホイル
丸シール

まじょのぼうし

まじょの ぼうしが、かんたんに 作れます。じゆうに かざってみましょう!

木のみを かざっても いいね!

よういするもの
- カラー工作用紙（A3サイズ、黒）
- はさみ　●のり　●おり紙
- りょうめんテープ　●セロハンテープ
- 色画用紙（黒、むらさき）

ハロウィンガーランド

ペーパーしんで 作る、にぎやかな ガーランド。キュートな ひょうじょうが ポイント!

よういするもの
- トイレットペーパーしん 5こ　●はさみ
- おり紙（オレンジ色、黒、白）　●のり
- 色画用紙（黒、黄色）　●りぼん（みどり）
- ペン　●丸シール　●たこ糸
- セロハンテープ

---

1 工作用紙を、半円に切る。頭の サイズに 合わせて おうぎ形に 切る。

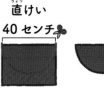

直けい 40センチ

2 ふちに、おり紙を かさねながら のりで はる。はみ出た ぶぶんを 切りとり、三角ぼうの形に りょうめんテープで はる。

おり紙

3 丸く 切った 色画用紙の 内がわを 直けい 16センチ 切りとる。**4** センチの 切りこみを 入れ、**2** の 内がわにテープで はる。色画用紙の こうもりを はる。

色画用紙

切りこみを 立ち上げる

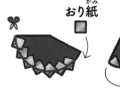

[カボチャ]

1 ペーパーしんを 半分に 切り、オレンジ色の おり紙をはる。平らに つぶし、色画用紙やりぼんで かざる。

おり紙

のり

わにした りぼん

[こうもり]

2 ペーパーしんを 半分に 切り、黒の おり紙を はる。色画用紙の角と はね、たこ糸を テープで はる。丸シールの目を はる。

おり紙　のり　色画用紙

丸シール

少し つぶす

[おばけ]

3 ペーパーしんに 白の おり紙を はり、図のように 切る。ペンで 顔をかく。たこ糸を テープで つける。

おり紙　少し つぶす

ポイント 色画用紙とマスキングテープで 作った、キャンディと 星も かざろう!

のり　ペン

森のかめん

ハロウィンのかめんを、おちばや 木のみを つかって、作ってみましょう！
ダンボールを 切った かめんに、じゆうに かざります。

よういするもの

● 木のえだ、おちば、木のみ、草のたねなど
の 秋のしぜんぶつ
● ダンボール紙　● はさみ　● カッター
● すきな色のカラーセロファン（2色）
● のり　● セロハンテープ

ちゅうい　カッターを つかうときは、大人
に 手つだってもらいましょう。

1 公園や 学校のまわりで、
こうようした おちばや 木
のみ、草のたね、花び
らなどを あつめる。

2 ダンボール紙を、はさみ
で 半円の 形に 切る。

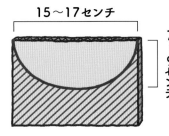

15～17センチ

7～9センチ

3 図のように カッターで あ
なを あける。

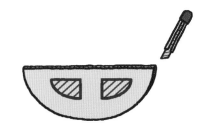

4 セロファンを レンズの
ぶぶんより、ひとまわり
大きい サイズに はさみ
で 切る。うらめんに、の
りで はる。

5 しぜんぶつを、テープで じゆ
うに はる。うらがえして、かめ
んの まん中に、えだを テープ
で とめる。これが、もち手に
なる。

うらめん

ホオノキなどの、大きな はっぱに、
目や 口を 出す あなを あけるだけ
でも、おもしろい かめんに なるよ！

森のハロウィンマント

マントを はおって、左ページの かめんを つけましょう。森の おばけに、へんしん!
カラーポリぶくろは、すきな色を えらびましょう。

よういするもの

- おちば、木のみ、草のたね、花などの 秋のしぜんぶつ
- カラーポリぶくろ 1まい
- はさみ　● りょうめんテープ

マントを 広げたところ。
秋のしぜんぶつが、き
れいだね!

1 公園や 学校のまわりで、こうようした おちばや 木のみ、草のたね、花びらなどを あつめる。

2 ポリぶくろの かたがわの、よこと 下を はさみで 切りひらく。

3 2の ポリぶくろを 広げる。りょうめんテープをすきな いちに はる。

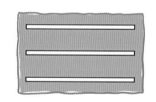

4 りょうめんテープを、1まい はがし、1の しぜんぶつを じゆうに はって かざる。もう1まい テープを はがし、しぜんぶつを かざる。これを くりかえして、マントをかざる。

ポイント いちどに、テープを はがすと、風が ふいたときに、ポリぶくろが くっついてしまうことが あるよ。1まいずつ、はがして、かざろう。

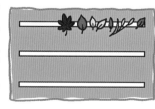

5 はおるときは、ポリぶくろの りょうはしを むすぶ。

道ぐのつかい方と ちゅうい点

工作の道ぐを 正しく つかえると、室内あそびは、さらに 楽しく なります。あそぶときの ちゅうい点も、しっかり みにつけましょう。

はさみ	のり	きり／せんまいどおし

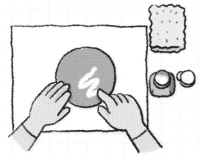

● きちんと すわって、切るところを 見ながら はさみの おくのほうで 切ります。

● 下に 紙を しきます。

● そばに ぬれた タオルを よういして、ゆびが よごれたら ふけるようにします。

● 下に ぬれた タオルや 台を しいて、動かないよう まっすぐに 立てます。

● 大人と いっしょに 行いましょう。

ちゅうい

はさみを わたすときは、もち手のほうを わたします。

ざいりょうや どうぐは、ひつような 分だけ つかいます。

はさみの はが よごれたら、きれいに ふきとりましょう。

さいごまで 大切に つかい、あとかたづけを しましょう。

いろいろな ぎほうを楽しもう

絵のぐや ペンで 色を ぬるだけで なく、いろいろな ぎほうを つかうと、
作ひんの はばが 広がります。

デカルコマニー　よういするもの：紙、絵のぐ

紙を 半分に おり、かたほうに 絵のぐを 出します。紙を 合わせて、上から おさえ、すぐに ひらきます。

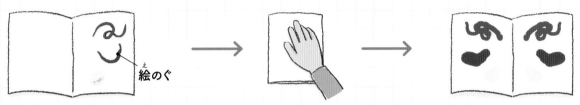

絵のぐ

にじみ絵　よういするもの：しょうじ紙、水せいペン、新聞紙、きりふき

新聞紙の上に しょうじ紙を おいて、ペンで すきなように かきます。きりふき（水で ぬらした ふで
でも よい）で ペンの上を なぞります。そのまま かわかします。

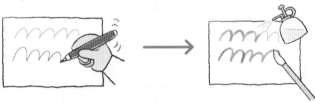

にじみのようすを 見な
がら、水は 少しずつ
かさねていくと いいよ。

はじき絵　よういするもの：紙、クレヨン、絵のぐ、ふで

クレヨンで すきなように かきます。その上から 絵のぐを ぬります。絵のぐを はじいて、クレヨンの
絵が うかんできます。

クレヨンで かくときは、
絵のぐを はじくよう、
強めに かこう。

タンポスタンプ　よういするもの：紙、はぎれ、わゴム、トレー、絵のぐ

はぎれを 丸めて、べつの はぎれで つつみます。わゴムで とめ、タンポを 水に つけます。しぼったら、
絵のぐを つけて、紙に おします。

外あそびのちゅうい点

「外あそび」は、とっても 楽しいけれど、きけんなことも あります。
あそぶときは、つぎのことに ちゅういして、しぜんと なかよしに なりましょう。

トゲのある しょくぶつ、かぶれる 草花には さわらない

アザミや ノイバラなどには、とげが あります。
また、ツタウルシや ヌルデなどに さわると、
かゆみが 出ることも あります。

アザミ

ツタウルシ

しょくぶつを 口に入れない

アジサイや ヨウシュヤマゴボウには どくが あ
るので、口に 入れては いけません。また、さ
わったら 手を あらいましょう。

アジサイ

ヨウシュヤマゴボウ

草花は やさしく つむ

ササのはなど、しょくぶつの中には、手や ゆ
びを 切りやすいものも あります。しょくぶつを
よく 見て、やさしく つみましょう。ぐんてや、は
さみを つかっても いいですね。

はっぱのうらに 虫が いないか かくにんする

はっぱのうらには、虫が 一休みしていたり、
たまごが ついていたりすることが あります。と
るまえに、そっと めくって、虫や たまごを 見つ
けたら、ほかのはっぱを つみましょう。

つかう分だけ、いただく

草花は、つかう分だけ いただきます。いのち が つながるように、ねっこごと とらないことも 大切です。

しょくぶつに 「ありがとう」を 言う

草花で あそぶときは、さいしょに「ありがとう」 と 言って、かんしゃを つたえます。草花の気 もちを かんじてみましょう。

体を ひやさない

秋や 冬のさむい日でも、体を うごかしている と、あせを かくことが あります。ふくを ぬいだ り、きたり、ちょうせいして、体が ひえないよう に 気をつけましょう。

雪や こおりに 気をつける

雪や こおりの上は、すべりやすくなっています。 ころばないように、気をつけましょう。大人と いっしょに、きけんが ないか、あそぶ前に か くにんしましょう。

「外あそび」に あう ふくそうを する

虫さされや かぶれ、 ケガから 体を まもりま しょう。長そで、長ズ ボンを きると、あんし んです。ぼうしも かぶ りましょう。

ぼうし

長そで

長ズボン

くつ下

うんどうぐつ

あぶない 場しょに 子どもだけで 行かない

川や がけ、みずうみなどには、大人と いっしょ に 行きましょう。

あそんだ ばしょは かたづける

あそんだあとは、かたづけて、もとの じょう たいに もどしましょう。ゴミは、もちかえりま す。場しょの ルールは、まもること。しょくぶ つを とっては いけないところも あります。

12か月の きせつと ぎょうじ

春 3〜5月

ひなまつり
3月3日
女の子の すこやかな せいちょうを ねがう おいわい。

お花見
3月のおわり〜4月の中ごろ
野山で サクラを 見ながら、食べたり のんだりする ぎょうじ。

こどもの日
5月5日
子どもの すこやかな せいちょうを ねがう おいわい。

母の日
5月だい2日曜日
お母さんに かんしゃの 気もちを つたえる日。

📖 知っておきたい!

新れき（グレゴリオれき）
いま、わたしたちが つかっている こよみ。地きゅうが 太ようのまわりを 1しゅうする時間（365日）を 1年とします。4年に 一ど「うるう日」（2月29日）が 入ります。日本では 1873年に、きゅうれきから 新れきに かえました。

夏 6〜8月

つゆ
6〜7月ごろ
雨や くもりの日が 多くなる 時きのこと。

父の日
6月だい3日曜日
お父さんに かんしゃの 気もちを つたえる日。
*このシリーズでは、春の ぎょうじである「母の日」と いっしょに しょうかい します。

海びらき
7月のはじめごろ
海水よくじょうの はじまる日。日にちは、ちいきや その年によって、ちがいます。

七夕
7月7日
おりひめと ひこぼしが 天の川を わたって 会う、星まつりの日。

おぼん
8月13〜16日ごろ
ご先ぞさまを わが家に むかえ、かんしゃする ぎょうじ。

このシリーズでは、春・夏・秋・冬の おもな ぎょうじと あそびを しょうかい します。

ひなまつりや 七夕、せつぶんなどは、「でんとうぎょうじ」って、よぶよ。

秋 9〜11月

お月見 ‥‥‥‥‥‥‥‥‥
9月 15日ごろ
月見だんごや すすきを そなえて、まん月を 楽しむ ぎょうじ。

けいろうの 日 ‥‥‥‥‥‥
9月だい3月曜日
社会や 家で 長く はたらいてきた お年よりに、かんしゃの 気もちを つたえる日。

もみじがり ‥‥‥‥‥‥‥
10月の中ごろ〜 11月のおわりごろ
赤や 黄に そまった こうようを 見て、楽しむ ぎょうじ。

ハロウィン ‥‥‥‥‥‥‥
10月 31日
カボチャの ちょうちんを ともしたり、かそうした 子どもたちに おかしを わたしたりする日。

冬 12〜2月

クリスマス ‥‥‥‥‥‥‥
12月 25日
イエス・キリストの たんじょうを いわう日。

大みそか ‥‥‥‥‥‥‥
12月 31日
1年の おわりの日。年こしそばを 食べたり、じょやのかねを 聞いたりします。

お正月 ‥‥‥‥‥‥‥
1月 1日
新年の かみさまである「年がみさま」を おむかえし、もてなす ぎょうじ。

せつぶん ‥‥‥‥‥‥‥
2月 3日ごろ
まめを まいたり、ヒイラギを かざったりして、えきびょうや さいがいを おいはらう ぎょうじ。

 知っておきたい！　きゅうれき（太いん太ようれき）

新れきより 前に つかわれていた こよみ。月と 太ようを もとにしているため「太いん太ようれき」と いいます。月の みちかけの しゅうき（29.53日）を もとに、29日 ある 小の月と、30日 ある 大の月を ならべて 12か月とし、何年かに 一ど「うるう月」を 入れて、1年を 13か月と しました。

39

総監修 **田村 学**（たむら・まなぶ）

國學院大學人間開発学部初等教育学科教授。文部科学省初等中等教育局教育課程課教科調査官・国立教育政策研究所教育課程研究センター研究開発部教育課程調査官、文部科学省初等中等教育局視学官として、学習指導要領作成に携わる。著書に『学習評価』（東洋館出版）、『「生活・総合」の新しい授業づくり 探究的な学びを実現する』（小学館）など多数。

「室内あそび」協力
鈴木美佐緒（宮城教育大学講師）

「室内あそび」プラン考案
マーブルプランニング（つかさみほ、みさきゆい、くるみれな）／町田里美

「外あそび」監修、プラン考案
高橋京子（たかはし・きょうこ）
自然保育コーディネーター、ウレシパモシリ - 保育と自然をつなぐ研究会 - 主宰。欧州の保育現場の視察や多数の保育園・幼稚園における自然あそびの実践を通して得られた知見をもとに、自然を保育教育資源として生かしたあそびを提唱。著書に『決定版！ 12か月の自然あそび87』（新星出版社）などがある。ウレシパモシリはアイヌ語で「互いに育ち合う大地」の意味。
ウレシパモシリ HP http://ureshipa.jp

「外あそび」プラン考案
渡邊真弓、佐藤由香里（ウレシパモシリ自然あそびコーディネーター）

「外あそび」写真提供、協力
高橋博行
おがやの里しもだ保育園（秋のフォトフレーム 協力、はっぱのおふとん 写真提供）／和田愛児園（虫をさがしてスケッチ 写真提供）

主な参考文献（五十音順）
決定版！ 12か月の自然あそび87（新星出版社）／心をそだてる子ども歳時記12か月（講談社）／子どもに伝えたい 春夏秋冬 和の行事を楽しむ絵本（永岡書店）／「和」の行事えほん〈2〉秋と冬の巻（あすなろ書房）／「和」の行事えほん〈1〉春と夏の巻（あすなろ書房）

きせつをかんじる！ 12か月のぎょうじ
秋の室内あそび・外あそび

2024年2月20日 第1刷発行

監修 田村 学
発行者 中村宏平
発行所 〒102-0073
　東京都千代田区九段北1-15-15
　電話 03-6261-6691 FAX 03-6261-6692
印刷 共同印刷株式会社
製本 株式会社ハッコー製本

装丁・本文デザイン　別府 拓、奥平菜月（Q.design）
DTP　　　　　　　　G.B.Design House
撮影　　　　　　　　林 均
写真協力　　　　　　PIXTA
イラスト　　　　　　中小路ムツヨ／わたいしおり／わたいあかり／角しんさく
校正　　　　　　　　夢の本棚社
編集協力　　　　　　株式会社スリーシーズン（花澤靖子、小暮香奈子）

ISBN978-4-593-10417-8 ／ NDC386 ／ 40p ／ 270 × 210mm
Printed in Japan